QUINO

¡A MÍ NO ME GRITE!

EDICIONES DE LA FLOR

Primera edición en Ediciones de La Flor: abril de 1999
Segunda edición: febrero de 2000

Los dibujos que componen este libro
fueron publicados en las revistas
"Panorama" y "Siete Días Ilustrados".
Primera edición: diciembre 1972
Siglo Veintiuno Argentina Editores S. A., Buenos Aires.

Impreso en Argentina
Printed in Argentina

ISBN 950-515-743-6

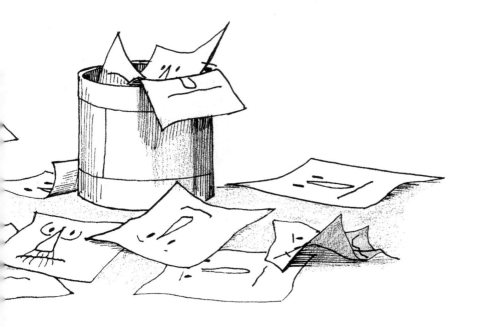

-SSSSSSSSSSSSSSSHHHHHHHHHHHHH!!!!!!!!!!.......

23

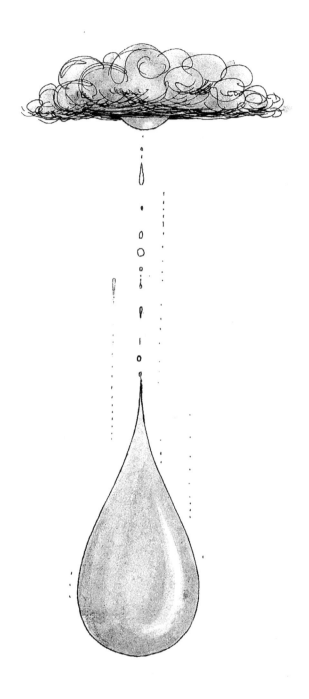

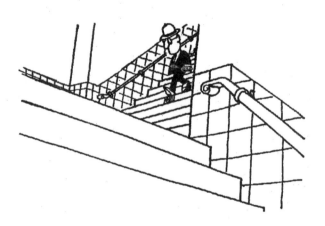

44

¿Y POR QUÉ HABRÉ SOÑADO TODO ESO, DIGO YO?

ZONA OESTE

EDISON PALACE: *"TARZAN"*
(apta p. tod. púb.) Cont. Loc. s.num. Not. Pan.
mañ. *"Las Aventuras ... n* y R.Calihoun

¡UY, "TARZAN"!

¡QUÉ LINDO! ¡EN MIS TIEMPOS SÍ QUE NO ME PERDÍA UNA! ¡YA MISMO ME VOY A VER DE NUEVO A TARZÁN!

78

¡SOCORRO!

VINIENDO CACHORRITO COYOTE

CACHORRITO COYOTE ACERCARSE TROTANDO A LEGUA Y MEDIA

TÚN-TUCUTÚN-TUCUTÚN-TUCUTÚN-TUCUTÚN

¡SIEMPRE OLVIDANDO AUDÍFONO!

¡¡SIEMPRE!!

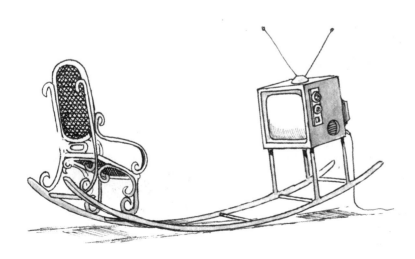

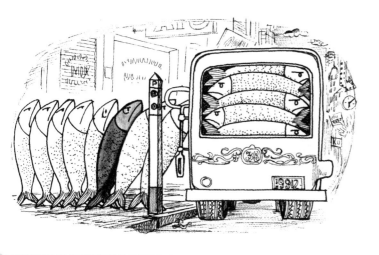

¡¡QUÉ PAÍS.!!

¡JAMÁS HEMOS TRAICIONADO NUESTRA PLATAFORMA POLÍTICA!

...¡NI ESPECULAMOS CON LAS ESPERANZAS DEL PUEBLO!

...¡NI FIRMAMOS PACTOS CON NADIE!

..¡NI GOLPEAMOS LA PUERTA DE NINGÚN CUARTEL!!

...¡¡NI CAÍMOS EN LA DEMAGOGIA DE FÁCILES PROMESAS!!!

..¡¡NI GOBERNAMOS NUNCA!!!

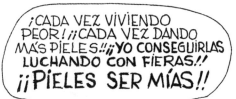

— Tome, Peruzzi; este era usted.

¡CLICK!

— Ocurre que no me gustan sus corbatas, Señor Presidente.

Impreso en GRÁFICA GUADALUPE
Av. San Martín 3773 (1847) Rafael Calzada,
Provincia de Buenos Aires, República Argentina,
en el mes de febrero del año 2000